Bibliografische Information der Deutschen Nationalbibliothek:

Die Deutsche Bibliothek verzeichnet diese Publikation in der Deutschen National-
bibliografie; detaillierte bibliografische Daten sind im Internet über http://dnb.d-
nb.de/ abrufbar.

Impressum:

Copyright © 2019 GRIN Verlag
Druck und Bindung: Books on Demand GmbH, Norderstedt Germany
ISBN: 9783668939882

Ira Dick

Das Frühhelladikum in der Ägäis. Monumentale Architektur, Siegelpraxis und Keramikherstellung in der frühen Bronzezeit

GRIN Verlag

Das Frühhelladikum in der Ägäis:

Monumentale Architektur, Siegelpraxis und Keramikherstellung in der frühen Bronzezeit

von Ira Dick

Inhaltsverzeichnis

1. Einleitung

Die bronzezeitliche Ägäis zeichnet sich besonders dadurch aus, dass die Menschen in dieser Periode erstmals nach höheren Dimensionen strebten. Die monumentale Architektur und Siegelpraxis begründen eine fundamentale Erkenntnis – denn das Denken in immer höheren Dimensionen ist bis heute eine unveränderliche Konstante in der Menschheitsgeschichte geblieben. Die archäologischen Funde geben Aufschluss über die politischen, sozialen und wirtschaftlichen Aspekte der frühhelladischen Gesellschaft.

Das Ziel dieser Arbeit ist herauszufinden, inwieweit die Keramik, die Siegelpraxis und die Architektur, die ägäische Gesellschaft in der Bronzezeit widerspiegeln. Erste bronzezeitliche Strukturen wurden geschaffen. Vielleicht wurden sie uns in den Monumentalbauten auch bewusst von den Menschen überliefert und von ihren direkten Nachfahren der mykenischen Palastzeit geprägt.

Zunächst soll durch die Chronologie die Wahl des Untersuchungszeitraums begründet werden. Verschiedene Funktionen und Theorien über die Keramik, die Architektur und die Siegelpraxis werden durch verschiedene Perspektiven erschlossen werden. Diese Arbeit ist zum Teil auch aufgrund fehlender Funde Beschränkungen unterworfen. Die Erforschung des Frühhelladikums stützt sich immer noch zum größten Teil auf Keramikfunde.

2. Das Frühhelladikum in der Ägäis

Die frühe Bronzezeit in der Ägäis war deshalb eine wichtige Periode,weil Neuerungen im Zuge kultureller Kontakte mit dem Nahen Osten eingeführt wurden. Die übernommenen Innovationen wurden nicht nur integriert sondern auch im Zuge ihrer Integration verändert und den Bedürfnissen der bronzezeitlichen Bewohner der Ägäis angepasst.[1] Eine Gesellschaft, die so viele Neuerungen aufnahm und sich anpasste, in einer so kurzen Zeitspanne, da wurden auch zwangsläufig tiefgreifende Veränderungen sichtbar. [2]

2.1 Chronologie

Vor viertausend Jahren lagen die Siedlungen in Küstennähe. Aufgrund von tektonischen Verschiebungen findet man sie heute entweder im Inneren des Landes oder versunken im Meer. Der chronologische Rahmen basiert auf den Veränderungen des archäologischen Materials und der stratigraphischen Sequenzierung.[3] Die Festlegung einer Keramiksequenz legte demnach eine relative Chronologie fest. Daraus entwickelten sich die Keramikstudien.[4] Sie stützen sich nicht nur auf den Nachweis von Keramiksequenzen, sondern auf stilistische Analysen.[5] Die Bronzezeit, die mit der

---

[1] Joseph Maran, Maria Kostoula: Athyrmata. Critical Essays of the Archaeology of the Eastern Mediterranean in honour of E. Susan Sherratt. Archaeopress and the individual authors 2014, S. 141.
[2] Maran: Athyrmata, S. 152.
[3] Eric H., Cline: The Oxford Handbook of the Bronze age Agean (ca. 3000 – 1000 B.C.) Oxford University Press. Oxford 2010, S. 53.
[4] Cline: The Oxford Handbook, S. 4.
[5] Oliver T. P. K., Dickinson: The Aegean Bronze Age. Cambridge u. a. Cambridge University Press 1994, S. 12

Einführung der Metallurgie um 3100 v. Chr. begann, befindet sich zwischen der Steinzeit bzw., ihrer letzten Stufe der Jungsteinzeit und der Eisenzeit.[6] Im zweiten Jahrtausend vor Christus endet die frühe Bronzezeit, die für diese Arbeit relevant ist. Das Three-Age-System geht auf Christian Thomson zurück. Die nächste Subunterteilung machte Carl Blegen.[7] Dafür zog er seine Ausgrabungen in Korakou hinzu.[8] Dort, westlich von Korinth, hatte er früh-, mittel- und späthelladische Tonarten entdeckt.[9] Es entstanden drei selbständige Kulturen: die Minoische auf Kreta, die Kykladische, benannt nach der Inselgruppe im Mittelmeer und die helladische Kultur auf dem griechischen Festland. Das Chronologie-System der ägäischen Bronzezeit geht auf Sir Arthur Evans zurück, der den Palast von Knossos ausgrub. Am Anfang des 20. Jahrhunderts führte er eine drei-teilige Chronologie für die Minoische Kultur Kretas ein. Die drei Hauptperioden sind die Früh-, Mittel- und Spätminoische-Epoche. Sie entsprechen mehr oder weniger den drei zentralen historischen Perioden der ägyptischen Kultur, dem Alten, Mittleren und Neuen Reich. Die Traditionell-archäologische Methode funktioniert also nur auf der Grundlage der Synchronismen der ägäischen Kulturen, als mit den besser zu datierenden Kulturen Ägyptens und denen des Vorderen Orients.[10] Das Problem, auch mit dieser traditionellen Methode gab es keine Einigung über die absolute Chronologie des Nahen Ostens.[11]Die historische Zeitgeschichte Ägyptens ist reicher, auch teilweise schriftlich belegt, und deswegen spielen ihre Aufzeichnungen, bei dem Verständnis der Chronologie eine zentrale Rolle. Sie sind größtenteils mit den Ereignissen, die sie beschreiben, zeitgemäß. Sowohl die Ausgrabungen in Akrotiri auf Santroin an der Küste der Insel Thera, wie die Insel auch genannt wird, und die in Tell el-Dab´a (Avaris) zeigen spektakuläre Wandmalereien im minoischen Stil.[12]

Der Versuch, die Chronologie an die nicht symmetrisch ablaufende Kulturentwicklung anzupassen, ergab zusätzliche Subphasen. Problematisch dabei sind die Zäsuren der einzelnen Perioden, die in vielen Fällen nicht mit archäologisch greifbaren Ereignissen zusammen fallen. Somit können sie beliebig verschoben werden. Greifbare Ereignisse sind beispielsweise große Zerstörungen, die stattgefunden haben. [13] Kurz gesagt stecken naturwissenschaftliche Datierungsverfahren den zeitlichen Rahmen ab, der mangels Schriftzeugnisse, historisch belegbar sind.[14]

---

[6] Thomas, Guttandin: Inseln der Winde. Die maritime Kultur der bronzezeitlichen Ägäis. 2. Auflage. Institut für Klassische Archäologie der Universität Heidelberg 2014, S. 30

[7]Cline: The Oxford Handbook, S. 11.
[8]Cline: The Oxford Handbook, S. 53.
[9]Cline: The Oxford Handbook, S. 6.
[10]Guttarin: Inseln der Winde, S. 30f.
[11]Dickinson: The Aegean Bronze Age, S. 17.
[12]Cline: The Oxford Handbook, S. 7.
[13]Guttarin: Inseln der Winde, S. 31.
[14] Jeorjios, Beyer: Archäologie. Von der Schatzsuche zur Wissenschaft. Verlag Philip von Zabern. Mainz 2010, S. 124

2.2 Überblick

Die bronzezeitliche Ägäis war nur relativ spärlich besiedelt. Wenn man sich eine große Siedlung vorstellen möchte, dann sollte man sich, für das FH I, eine Größenordnung von drei bis fünf Hektar vorstellen. Zu Beginn des FH II gab es bereits ein ausgedehntes Handelsnetz.[15] Renfrew geht von der Einführung einer Polykultur aus, bei der vor allem Getreide angebaute wurde. Olivenbäume wurden gepflanzt und Wein wurde hergestellt, den man mit Harz haltbar machte. Diese Epoche hat zu einer Verbesserung und Spezialisierung der Landwirtschaft geführt. Eine handelnde Elite entstand. Sie nutzte den Überschuss von Waren für den Lokalverbrauch oder Handel.[16] Funde in Kolonna auf Aigina im saronischen Golf bezeugen erstmals die Existenz sozialer Eliten mit weitreichenden Kontakten.[17] Der Austausch nahm zu. Die Bevölkerungszahlen wuchsen und die Ökonomie auch.[18] Östliche Regionen leisteten einen großen Beitrag zu der Entwicklung der bronzezeitlichen Ägäis. Ägypten, die Levante, Mesopotamien und Anatolien trugen zu der Entwicklung der Ökonomie, der Kunst und der Gesellschaft bei.[19]

Das FH II endete mit der Zerstörung des Hauses der Ziegel in Lerna. Caskeys Theorie einer Invasion, die er an der veränderten Keramik und Architektur in Korinth zu erkennen glaubte, ist nicht länger haltbar. Shereldine widerlegt eine Invasion da es keine erkennbaren Zerstörungsmuster gibt. Architekturen, die man mit dem FH III verbindet, wie Apsidenhäuser und Tumuli, erscheinen zu verschiedenen Zeitpunkten ab dem FH II bis zum MH. Sicher ist, dass zwischen dem FH II und dem FH III eine deutliche Veränderung im Zusammenhang mit einem weltweiten Klimawandel verursacht worden war. Weiss macht diesen Klimawandel für den sozialen Zusammenbruch in Mesopotamien und auf dem griechischen Festland verantwortlich.[20] Blegen sieht den kulturellen Bruch erst am Ende des FH III.[21] In der Argolis war im Übergang von FH zu MH eine schwere Diskontinuität zu erkennen. Zerstörungen, Bevölkerungsrückgang und soziale Rückschritte machten sich bemerkbar. Ganze Siedlungen wurden aufgegeben und/oder zerstört. Die Anzahl und die Größe der Standorte nahmen ab. Aktuelle Studien gehen, wie erwähnt, auch von Umweltfaktoren als Ursache aus.[22] Von diesem cultural break blieb Kreta während dieser Zeit verschont.

---

[15]Cline: The Oxford Handbook, S. 61.
[16]Cline: The Oxford Handbook, S. 600.
[17]Cline: The Oxford Handbook, S. 61.
[18]Cline: The Oxford Handbook, S. 293f.
[19]Cline: The Oxford Handbook, S. 292.
[20]Sherlmerdine: The Aegean Bronze Age, S. 36.
[21]Cline: The Oxford Handbook, S. 54.
[22]Cline: The Oxford Handbook, S. 602.

2.3 Keramik

In Zentralgriechenland und der Peloponnes folgte am Ende des Neolithikums eine radikale Veränderung in der materiellen Kultur. Die kunstvoll bemalte Keramik geht zurück und es werden vermehrt große Gefäße hergestellt.[23] Ein grober Überblick gibt Aufschluss darüber. Die Keramik aus dem FH I war poliert und mit Schlicker gefertigt. Die früheste Ware ist Rot und mit eingeritzter Dekoration. Im FH II hat die Ufirnis eine bessere Qualität und ist gelb gesprenkelt. Im FH III findet man oft dunkel auf hell und gelb gesprenkelte Töpferware. Die Mehrheit der Keramik ist aber einfach gehalten. Seit Blegens Keramikfundeinteilung hat sich nur wenig verändert. In Thrakien, Makedonien und Thessalien fand man hauptsächlich Lagerbehälter. Man geht deshalb auch von einem Agrarproduktüberschuss aus. Die Makedonische Keramik weist parallelen zu Troja I auf und Eutresis in Böotien. Die schwarz, glänzenden Schüsseln mit runden röhrenförmigen Henkeln sind Indizien dafür.[24]

Um diese feine Keramik herzustellen tauchte man die Gefäßoberfläche in den Schlicker oder man trug ihn mit einem Pinsel oder Tuch auf. Der Schlicker wird erst nach einer Politur glänzend. Einschnitte nahm man mit einem stumpfen Gegenstand vor. Man ritze tief und fein in die Oberfläche des Tons und manchmal füllte man die so entstandenen Rillen mit weißem Pigment.[25]

Die typische Form des FH II ist die Sauciere, von der man ausgeht, dass sie anatolischen oder kykladischen Ursprungs ist. Ihre Verwendung ist oft umstritten. Mylonas behauptet, es handele sich um eine Öllampe. Weinberg sieht in der Sauciere eine Ritualvase. Tsounta sieht ein Gefäß zur Käseherstellung und Müller, Renfrew und Televantou meinen es handele sich dabei um eine Gießgefäß oder einen Trinkbecher. Da der Auslauf solcher Saucieren manchmal unverhältnismäßig lang ist und es oft zwei oder drei Stück davon gibt, ist die Sauciere zum Trinken wohl ungeeignet.[26]

3. Wichtige Fundorte in der Ägäis

Das Haus der Ziegel in Lerna und der Rundbau sind die ältesten monumentalen Gebäude in Griechenland. Sie sind sie erste Beispiele einer Architektur mit der Absicht, Einfluss auf ihre Bewohner zu nehmen. Wenn jemand in der bronzezeitlichen Ägäis in die Bucht von Argos hinein segelte oder den Hafen wieder verließ, konnte er diese beiden architektonischen Machtsymbole in den beiden Hauptsiedlungen nicht übersehen. Auf der einen Seite der Bucht erhob sich auf dem höchsten topographischen Punkt das Haus der Ziegel und gegenüber der Rundbau.[27] Die Architektur

---

[23]Cline: The Oxford Handbook, S. 615.

[24]Cline: The Oxford Handbook, S. 53f.

[25] Michael B., Cosmopoulos: The early bronze 2 in the Agean. Studies in mediterranean archaeology Vol. XCVIII. Jonsered Sweden, Paul Aström Förlag 1991, S. 37

[26]Cosmopoulos: The early bronze 2 in the Aegean, S. 40f.

[27]Joseph Maran. The Persistence of Palace and Memory: The Case of the Early Helladic Rundbau and the Mycenaean Palatial Megara of Tiryns. In: Balrtelheim Martin, Barbara Horejs und Raiko Krauß, Hrsg. 2016. *Von Baden bis*

entspricht zwar nicht vorderasiatischen Vorbildern, aber Ideen und Praktiken wurden übernommen und zu eigenen Entwürfen umgewandelt.[28] Der Rundbau und das Haus der Ziegel, als Korridorhaus, haben zwar verschiedene Formen aber eine ähnliche soziale Funktion. Bis vor kurzem dachte man, dass die Korridorhäuser Residenzen der Elite waren. Aber es sind vermutlich multifunktionale Gebäude, die verschiedenen sozialen Gruppen zugänglich waren.[29] Die Erforschung eines Gebäudes kann wichtige Einblicke in die sozialen, wirtschaftlichen und politischen Aspekte einer Kultur geben. Die Materialien, die man verwendete in der bronzezeitlichen Ägäis waren vorwiegend aus der Natur verfügbare Ressourcen.[30] Im FH II B entwickelten sich die Korridorhäuser und die Architektur zu immer stärkerer Selbständigkeit.[31]

3.1 Das Haus der Ziegel in Lerna

Am südöstlichen Ortsrand von Lerna, einem antiken Ort in der Argolis, befindet sich das Haus der Ziegel. Während des gesamten FH II war Lerna immer ein bestbefestigter Ort mit großen rechteckigen Korridorhäusern und das Haus der Ziegel dominierte die Siedlung.[32] Aus diesem Grund wird die zweite Hälfte des FH II auch Periode der Korridorhäuser genannt. Charakteristisch für diese Zeit sind weitreichende Neuerungen in Mittel-und Südgriechenland:, eine administrative Siegelpraxis und die monumentale Architektur.[33] Das Haus der Ziegel ist das am beste erhaltene Beispiel eines Korridorhauses aus dem FH II B. Man errichtete es über ein früheres, weniger entwickeltes Korridorhaus, dem Gebäude BG.[34] Es bestand nur für kurze Zeit, denn bald nach seiner Erbauung brannte es fast vollständig aus. Die Lehmziegelmauern stehen aber heute noch stellenweise über einen Meter hoch.[35] Damit ist es eine sehr gute Quelle über die Bronzezeit in Lerna in situ erhalten.

Nachdem das Haus verbrannt war, baute man aus seinen Lehm-, Ziegel- und Mauerresten einen niedrigen Tumulus und einen Kreis aus Steinen. Die Datierung dieses Tumulus ist unklar, aber man geht von einer späten Lerna III Phase aus. Sicher ist, dass der Tumulus spätestens am Ende von Lerna IV mit Gebäuden bedeckt worden war.[36]

Das Haus der Ziegel hat seinen Namen, aufgrund seiner unzählig gebrannten Dachziegel bekommen. Hier gilt es zu erwähnen, dass einige der Ziegel aus Schiefer sind.[37] Es ist ein großes, freistehendes Haus mit einem offenen gepflasterten Bereich und einem regelmäßigen, axialen Grundriss. Das Haus

---

Troia: Ressourcennutzung, Metallurgie und Wissenstransfer: Eine Jubiläumsschrift für Ernst Pernicka. Bd. volume 3. Oriental and European Archaeology. Rahden, Westf.: VML Verlag Marie Leidorf GmbH, S. 160.

[28] Beyer: Archäologie, S. 128.

[29] Maran: The Persistence of Palace and Memory, S. 154.

[30] Cosmopoulos: The early bronze 2 in the Agean, S. 18.

[31] Sherlmerdine: The Aegean Bronze Age, S. 31.

[32] Cline: The Oxford Handbook, S. 601.

[33] Maran: Athyrmata, S. 141.

[34] Sherlmerdine: The Aegean Bronze Age, S. 33.

[35] Cline:The Oxford Handbook, S. 663.

[36] Maran: The Persistence of Palace and Memory, S. 160.

[37] Sherlmerdine: The Aegean Bronze Age, S. 34.

hat zwei große Räume und zwei etwas kleineres Zimmer, die von Korridoren flankiert werden.[38] Es ist 25 Meter lang und 12 Meter breit. Der erste große Raum an der Ostseite des Gebäudes hat einen großen Eingang. Eine nördliche Außentür führt zu einer Treppe, welche wiederum zu einem ebenfalls großen Raum führt, der über dem großen Ostraum gelegen haben muss. Eine zweite Treppe ist nur über einen hinteren Raum zugänglich.[39] Das Haus ist etwa 300 Quadratmeter groß und nach Osten gerichtet. Verputzt wurde es mit Lehm oder feinem Kalkputz.[40]

In einem der kleineren Räume, dem Raum XI, fand man einige Töpferware und gebrochene Siegel.[41] Um das Haus der Ziegel zu erbauen war sehr viel Holz notwendig. Die Architekten verwendeten es als Baumaterial und zum Brennen der Dachziegel. Einige der Fragmente, die in Raum XI gefunden worden waren, lagen in Gruppen zusammen. Wahrscheinlich haben die Siegel derselben Gruppen auch eine gemeinsame Funktion gehabt. Die Mehrheit der gebrochenen Siegel hat man aufbewahrt und in Regalen abgelegt, nachdem sie ihren primären Verwendungszweck erfüllt hatten. Die einzigen Siegelbruchstücke, die man außerhalb des Raumes XI fand, lagen in der Nähe der Türen oder Stufen. Man nimmt deshalb an, dass es sich dabei um ihre Verwendungsorte gehandelt haben muss. Die Tonabdrücke im Haus der Ziegel bezeugen das hohe Niveau der Tischlerfertigkeiten, das man im bronzezeitlichen Frühhelladikum erwarten konnte. Aufwändige L-Förmige Holzbeschläge und Ummantelungen aus Kiefernholz waren an die Türen angebracht.[42] Die Abdrücke auf den Siegeln kann man in drei Kategorien einteilen: Es gab eingeprägte Muster, Schnur- und Holzabdrücke. Da jeglicher Ton durch den Brand hart geworden war, sind die Einprägungen sehr gut zu erkennen.[43] Einige Siegel weisen nahöstliche Motive auf, wie zum Beispiel die Abdrücke auf den Typ B Siegeln. Diese sind Indizien einer Übernahme aus dem Nahen Osten. Typ A Siegel, die Häufigsten in Raum XI, weisen keine nahöstlichen Parallelen auf. Die meisten von ihnen verwendete man zum Versiegeln von Türen. Die Korridorhäuser und die Rundbauten mit ihren Terrakotta- und Steindachziegel, haben in ihrer Bauweise bzw. Architektur keine überzeugenden nahöstlichen Parallelen. Es gibt zwar, wie schon erwähnt, einige nahöstliche Motive auf den Siegeln, aber die Ikonographie zeugt von einer lokalen administrativen Verwendung.[44] Man findet auf den Typ A Siegeln nicht nur Holzabdrücke, sondern auch Schnurabdrücke. Wenn mehrere Schnurabdrücke in den Ton eingeprägt waren, dann verliefen sie in alle entgegengesetzten Richtungen an der jeweiligen Tür und durch den Ton.[45] Die Mehrheit der in Raum XI gefundenen Siegel sind Türplomben, für die Typ A und B Siegel zusammen

---

[38] Cline:The Oxford Handbook, S. 601.
[39] Sherlmerdine: The Aegean Bronze Age, S. 33.
[40] Cline: The Oxford Handbook, S.663.
[41] Cline: The Oxford Handbook, S. 601.
[42] Maran: Athyrmata, S. 146.
[43] Cline: The Oxford Handbook, S. 663.
[44] Maran: Athyrmata, S. 141.
[45] Maran: Athyrmata, S. 149.

oder separat verwendet wurden.[46] Die Typen C, D und E waren Behälterabdichtungen und Rohlinge. Diese Rohlinge waren Tonklumpen mit Fingerabdrücken versehen und als eine Handvoll portionierte Mengen. An einigen Objekten konnte man feststellen, dass sie wiederholt von verschiedenen Personen versiegelt worden waren.[47] Das Siegelsystem erforderte eine Abfolge von Ritualen und/oder Praktiken, die zeigten, wer befugt war, welche Aufgaben zu erledigen und wer Zugriff hatte auf bestimmte Räume oder Ressourcen. Die Räume wurden geöffnet, Ware geliefert, die Türen erneut verschlossen und wieder versiegelt. Die gebrochenen Siegel wurden als Zeugnisse des Verwaltungsaktes aufbewahrt. Über jede Türöffnung wurden Aufzeichnungen geführt. Da der Raum auf täglicher Basis geöffnet wurde, mussten auch einzelne Behälter versiegelt werden. Man lagerte die Siegel um zu sehen, wie oft und von wem die Türen geöffnet worden waren.[48] Die Siegelpraxis ging vermutlich mit der Einführung eines Straf- und Rechtssystems einher. Es ist möglich, dass daraus ein Misstrauenklima innerhalb der Gemeinschaft erwuchs.[49] Eine Reihe von Elementen in Raum XI weist auf komplexe wirtschaftliche und soziale Aktivitäten hin.[50] Renfrew interpretiert die Siegel als Hinweis auf ein Umverteilungssystem, denn für ihn ist klar, dass es sich um einen Elitewohnsitz gehandelt haben muss.[51] Neuste Erkenntnisse widerlegen seine These, danach handelt es sich um ein multifunktionales Gebäude. Diese Interpreationsverschiebung wurde durch eine Neubewertung der Siegel im Haus der Ziegel unterstützt, da die Dichtungen der Typen A und B zum Versiegeln von Türen verwendet worden waren.[52] Man kann deutlich eine Trennung zwischen dem privaten – und dem öffentlichen Bereich erkennen, denn die Siegel blockierten wohl den Zugang in das obere Stockwerk.[53] Es scheint so, als wären die Prinzipien eines ursprünglich nahöstlichen Abdichtungssystems kreativ an die lokalen Traditionen des Türbaus angepasst worden. Der Raum XI kann also als temporäres Archiv interpretiert werden. Für Weingarten ist die starke Nutzung der Siegel ein Indiz einer politischen Ordnung an deren Spitze konkurrierende soziale Gruppen standen. Die Anordnung und innere Struktur der Korridorhäuser in Lerna, zeigt ihre Nutzung zur sozialen Kommunikation.[54] Aktuellen Studien zufolge geht man von einer gemeinschaftlichen Funktion aus.[55] Am Ende sollte auch noch erwähnt werden, dass der errichtete rituelle Tumulus durch spätere Siedler unberührt blieb. Zunächst wurde deshalb auch innerhalb seines Radius nicht gebaut.[56]

---

[46]Maran: Athyrmata, S. 151.
[47]Maran: Athyrmata, S. 146.
[48]Maran: Athyrmata, S.151f.
[49]Maran: Athyrmata, S. 154.
[50]Sherlmerdine: The Aegean Bronze Age, S. 34.
[51]Cline: The Oxford Handbook, S. 601.
[52]Maran: The Persistence of Palace and Memory, S. 156.
[53] Maran: Athyrmata, S. 146.
[54]Maran: Athyrmata, S. 153.
[55] Cline: The Oxford Handbook, S. 601.
[56]Cline: The Oxford Handbook, S. 664.

Die dialektischen Beziehungen zwischen Innovation und Gesellschaft in der Periode der Korridorhäuser sind klar erkennbar.[57]

3.2 Der Rundbau von Tiryns

Die Akropolis des mykenischen Tiryns liegt ca. 1,8 km von der Küste Nauplion entfernt. Die Akropolis ist in eine obere, eine mittlere und eine untere Zitadelle unterteilt.[58] Der Standort des Rundbaus auf der Akropolis gewährleistete eine weite Sichtbarkeit in die Ferne.[59] Je wichtiger ein Gebäude, desto höher wurde die Lage seines Standortes gewählt. Der Hafen in Tiryns war einem der wichtigsten in der Bronzezeit geworden. Tiryns erlangte in drei Phasen besondere Größe: Die erste Phase war im FH II. Danach wurde die Siedlung in der mykenischen Palastzeit und schließlich noch einmal in der Nachpalastzeit besonders einflussreich. Im FH II war Tiryns die wichtigste Siedlung in der gesamten Region, leicht an ihrer Akropolis und ihrer Siedlungsstruktur zu erkennen.[60] Erstmals wurde der Rundbau im Jahre 1894/1912 ausgegraben.[61] In den Jahren von 1976 bis einschließlich 1983 führte Klaus Kilian in Tiryns ebenfalls Grabungen durch und begann als Erster die untere Zitadelle zu erforschen.[62] Das Gebäude selbst wird auf eine späte FH II Phase datiert.[63] Allerdings gab es zwei Bauphasen an dem Objekt: In der ersten Bauphase wollten die Architekten eine Fassade mit Hilfe von Stützpfeilern errichten. In der zweiten Bauphase, die nach einer Brandzerstörung folgte, wollte man besagte Pfeiler durch eine Lehmziegelmauer verdecken. Maran und Kilian gehen davon aus, dass diese Lehmziegelmauer das flache Dach tragen sollte.[64]

Das Gebäude ist ein kreisförmiger Bau aus konzentrischen Korridoren.[65] Sein Außendurchmesser beträgt 28m und es gibt zwei Ringwände. Diese Ringwände sind in regelmäßigen Abständen mit Querwänden verbunden. Cosmopoulos schätzte die Höhe des Rundbaus auf 10 Meter.[66] Marzoloff hingegen ging von 14 m Höhe aus und ebenfalls von einem zweiten Stockwerk mit weiteren Räumen, welches über eine Treppe innerhalb der Gänge zu erreichen gewesen sein muss. Im Inneren des Rundbaus gibt es einen kreisförmigen Bereich aus einem Steinboden mit einem Durchmesser von 12.2 Metern. Die hufeisenförmigen Stützpfeiler, die von der schon erwähnten Lehmziegelmauer verdeckt waren, fand Kilian bei seinen Grabungen. Einheitlich wurden die Pfeiler abgemessen und für ihre Umrisse verwendete man kleine quadratische Steine. Abgerundete oder, wenn nötig, eckige

---

[57]Maran: Athyrmata, S. 154.
[58]Cline: The Oxford Handbook, S. 722.
[59]Maran: Athyrmata, S. 153.
[60]Maran Joseph, Παπαδημητρίου Αλκησις: Tiryns, In: Βλαχοπουλοσ, Ανδρεας Γ.: Αρχαιολογια Πελοποννησος. Εκδοτικος οικος μελισσα 2012, S. 162.
[61]Maran: The Persistence of Palace and Memory, S. 162.
[62]Maran: Tiryns, S. 162.
[63]Cosmopoulos: The early bronze 2 in the Agean, S. 25.
[64]Maran: The Persistence of Palace and Memory, S. 157.
[65]Cline: The Oxford Handbook, S. 601.
[66]Cosmopoulos: The early bronze 2 in the Agean, S. 24.

Steine nutze man um die Innenräume zu füllen.[67] Die Funktion besagter Stützpfeiler und ebenso die Funktion des Rundbaus in Bezug auf die Stützpfeiler variiert. Cosmopoulos hält den Bau für eine Kornkammer und begründet dies auf der Basis der versiegelten Böden in den Schächten des Gebäudes.[68] Kilian und Cline schließen sich dieser Überzeugung an. Kurt Müller geht zwar auch von einer Kornkammer aus, meint aber, dass die Stützpfeiler dazu dienten, den Lehmziegelüberbau vor dem Druck der Getreidemassen von zu entlasten. Er schließt aber eine Dekorative Funktion der Pfeiler nicht aus. Mehrere Argumente sprechen aber gegen eine Funktion als Kornkammer. Maran und Rutter gehen davon aus, dass die Stützpfeiler mit nur einem Fundament aus nur einem Steinverlauf und einem Lehmziegelüberbau, dem Druck von Getreidemassen kaum standgehalten hätten. Außerdem fand man kein verkohltes Getreide, deswegen kann man nicht von einem Getreidespeicher aus gehen. Sicher ist, dass der Einsatz der unterschiedlichen Steine in Größe und Form passend für die verschiedenen Bereiche gewählt worden war.[69] An der Bauweise erkennt man auch Parallelen zum Haus der Ziegel. Die gleichen massiven Wände und das Ziegeldach sind bei beiden gleich.[70]

Wenn es um die Funktion des Rundbaus geht, gibt es, außer der Theorie der Kornkammer noch Weitere. Cosmopoulos schließt beispielsweise die Funktion eines Kultzentrums nicht aus.[71] Müller dagegen ist der Meinung, dass es sich um einen Palast der Herrscher von Tiryns gehandelt haben muss, der die Form einer stark befestigten Zitadelle erhalten hatte.[72] Maran ist sich sicher, dass der Rundbau ein imposanter Turm war, der von konkurrierenden Siedlungen gesehen werden sollte.[73] Dieser Turm war für die gemeinschaftlichen Rituale und soziale Kommunikation gedacht.[74] Seine besondere Architekturform sollte mit bestimmten sozialen und politischen Funktionen in Verbindung gebracht werden. In Friedenszeiten war er ein Statussymbol und in Kriegszeiten sollte er ein Zufluchtsort sein.[75] Über seine genaue Funktion aber gibt es nur wenige Informationen.[76]

700 Jahre nachdem der Rundbau abgebrannt war, errichtete man genau an dieser Stelle ein bedeutendes Gebäude der mykenischen Palastzeit.[77] Die durch den Brand gehärteten Lehmziegel wurden zwischen dem Ende des FH III und der mykenischen Palastzeit nicht für neue Bautätigkeiten entfernt. Normalerweise trug man die Überreste der Lehmziegelmauern ab und nutzte ihre Steingrundlage als feste Unterkonstruktion für neue Gebäude. In diesem Fall gab es keine Neubauten,

---

[67]Maran: The Persistence of Palace and Memory, S. 156f.
[68]Cosmopoulos: The early bronze 2 in the Agean, S. 24.
[69]Maran: The Persistence of Palace and Memory, S. 156f.
[70]Cline: The Oxford Handbook, S. 664.
[71]Cosmopoulos: The early bronze 2 in the Agean, S. 24.
[72]Maran: The Persistence of Palace and Memory, S. 158.
[73]Maran: The Persistence of Palace and Memory, S. 153.
[74]Maran: The Persistence of Palace and Memory, S. 160.
[75]Maran: The Persistence of Palace and Memory, S. 158.
[76]Cline: The Oxford Handbook, S. 601.
[77]Maran: The Persistence of Palace and Memory, S. 153.

obwohl der Rundbau eine zentrale Stelle in der oberen Zitadelle einnahm. Was ist mit dieser Ruine geschehen? Die Forschungsmängel liegen an zwei Faktoren. Zuerst wäre da die umfangreiche Abdeckung des Rundbaus durch den mykenischen Palast, der die archäologischen Beobachtungen doch erheblich einschränkte. Zum anderen war im Jahr 1894/1912, als der Rundbau entdeckt wurde, das Haus der Ziegel und sein, aus seinen Überresten errichteter Tumulus noch unbekannt.[78] Da die Art der Erhaltung des Rundbaus an die des Hauses der Ziegel erinnert, glaubt Maran, dass auch hier ein Tumulus aus der Ruine des Rundbaus errichtet worden war. Auf der Grundlage der verfügbaren Beweise scheint es fast sicher zu sein, dass der Tumulus irgendwann zwischen dem Ende der Korridorhäuser und dem Ende des FH III gebaut worden war.[79] Er muss zumindest bis zur Schachtgrabperiode als deutlich erkennbares Monument gestanden haben. Deutlich ist bei den Bauten aber zu erkennen und kann an ihnen auch untersucht werden, wie Denkmäler vergangener Gesellschaften als Bezugspunk für das soziale Gedächtnis gewählt wurden.[80]

4. Fazit

Im Zuge interkultureller Kontakte mit dem Nahen Osten machte die ägäische Gesellschaft fortschrittliche Veränderungen. Neue Bautechniken, Praktiken und Erfindungen wurden übernommen. Auch aus sich selbst heraus erkennt man in der Monumentalarchitektur neue Techniken, soziale Interaktion und Kommunikation untereinander, Rechts- und Verwaltungssysteme und die klare Trennung zwischen öffentlichem und privatem Bereich. Die Siegelpraxis verdeutlicht nicht nur lokale administrative Tätigkeiten sondern auch Besitzansprüche und hierarchische Strukturen innerhalb der Gesellschaft. Die Monumentalbauten zeugen von gemeinschaftlicher und schützender Funktion der Siedlungsbewohner. Abschließend kann gesagt werden, dass die bronzezeitliche Gesellschaft der Ägäis nicht nur offen für Neuerungen gewesen ist, sondern sich auch kritisch damit auseinander gesetzt hat um den größtmöglichen Nutzen daraus ziehen zu können.

---

[78] Maran: The Persistence of Palace and Memory, S. 161.
[79] Maran: The Persistence of Palace and Memory, S. 165f.
[80] Maran: The Persistence of Palace and Memory, S. 169.

Literaturliste

Beyer, Jeorjios Martin: Archäologie. Von der Schatzsuche zur Wissenschaft. Verlag Philip von Zabern. Mainz 2010.

Cline, Eric H: The Oxford Handbook of the Bronze age Agean (ca. 3000 – 1000 B.C.) Oxford University Press. Oxford 2010.

Cosmopoulos, Michael B.: The early bronze 2 in the Agean. Studies in mediterranean archaeology Vol. XCVIII. Jonsered Sweden, Paul Aström Förlag 1991.

Dickinson, Oliver T. P. K.: The Aegean Bronze Age. Cambridge u. a. Cambridge University Press 1994.

Guttandin, Thomas: Inseln der Winde. Die maritime Kultur der bronzezeitlichen Ägäis. 2. Auflage. Institut für Klassische Archäologie der Universität Heidelberg 2014.

Maran Joseph, Παπαδημητριου Αλκησις: Tiryns, In: Βλαχοπουλοσ, Ανδρεας Γ.: Αρχαιολογια Πελοποννησος. Εκδοτικος οικος μελισσα 2012.

Maran Joseph, Kostoula Maria: Athyrmata. Critical Essays of the Archaeology of the Eastern Mediterranean in honour of E. Susan Sherratt. Archaeopress and the individual authors 2014.

Maran Joseph The Persistence of Palace and Memory: The Case of the Early Helladic Rundbau and the Mycenaean Palatial Megara of Tiryns. In: Balrtelheim Martin, Barbara Horejs und Raiko Krauß, Hrsg. 2016. *Von Baden bis Troia: Ressourcennutzung, Metallurgie und Wissenstransfer: Eine Jubiläumsschrift für Ernst Pernicka.* Bd. volume 3. Oriental and European Archaeology. Rahden, Westf.: VML Verlag Marie Leidorf GmbH.

Sherlmerdine Chynthia W.: The Aegean Bronze Age. The Cambridge companion to the Aegean Bronze Age. Cambridge University Press 2008.

BEI GRIN MACHT SICH IHR WISSEN BEZAHLT

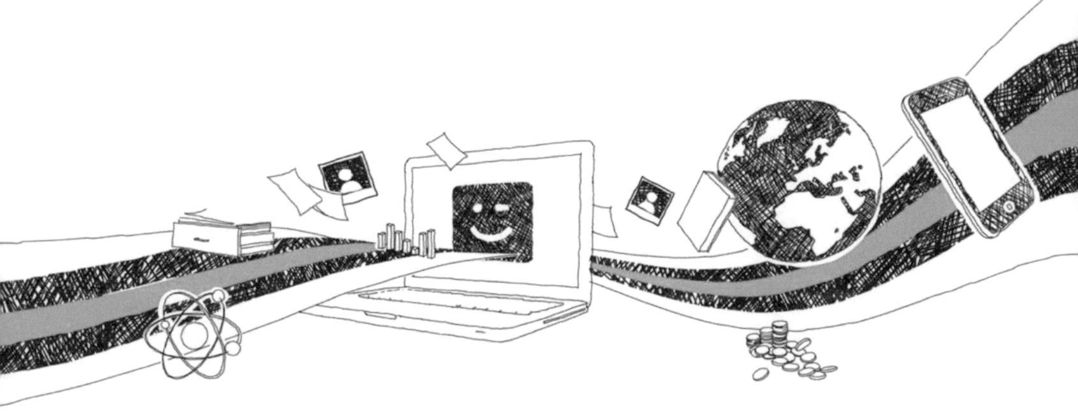

- Wir veröffentlichen Ihre Hausarbeit, Bachelor- und Masterarbeit

- Ihr eigenes eBook und Buch - weltweit in allen wichtigen Shops

- Verdienen Sie an jedem Verkauf

Jetzt bei www.GRIN.com hochladen und kostenlos publizieren

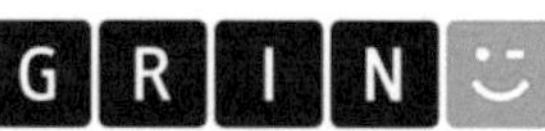